Tamara Bauer

Fremdsprachliche Einflüsse in Geschichte und Gegenwart

GRIN Verlag

Bibliografische Information der Deutschen Nationalbibliothek:

Die Deutsche Bibliothek verzeichnet diese Publikation in der Deutschen National-
bibliografie; detaillierte bibliografische Daten sind im Internet über http://dnb.d-
nb.de/ abrufbar.

Impressum:

Copyright © 2005 GRIN Verlag, Open Publishing GmbH
Druck und Bindung: Books on Demand GmbH, Norderstedt Germany
ISBN: 978-3-640-79443-0

Dieses Buch bei GRIN:

http://www.grin.com/de/e-book/164282/fremdsprachliche-einfluesse-in-geschichte-
und-gegenwart

GRIN - Your knowledge has value

Der GRIN Verlag publiziert seit 1998 wissenschaftliche Arbeiten von Studenten, Hochschullehrern und anderen Akademikern als eBook und gedrucktes Buch. Die Verlagswebsite www.grin.com ist die ideale Plattform zur Veröffentlichung von Hausarbeiten, Abschlussarbeiten, wissenschaftlichen Aufsätzen, Dissertationen und Fachbüchern.

Besuchen Sie uns im Internet:

http://www.grin.com/

http://www.facebook.com/grincom

http://www.twitter.com/grin_com

Johann-Wolfgang von Goethe Universität Frankfurt am Main

Seminar: Einführung in die historische Sprachwissenschaft

Wintersemester 2004 / 2005

Dozent:

Fremdsprachliche Einflüsse

in Geschichte und Gegenwart

Inhaltsverzeichnis

Einleitung

Das Thema fremdsprachlicher Einfluß ist sehr komplex. Aus Zeitgründen ist es mir jedoch nicht möglich auf sämtliche Elemente dieses Themas einzugehen. So werde ich beispielsweise den Sprachpurismus nicht näher beleuchten. Außerdem kann ich nicht den fremdsprachlichen Einfluß bis ins kleinste Detail genau aufführen. Über die Beeinflussung des deutschen Satzbaus oder entlehnte Suffixe werde ich in nicht referieren. Der für die Zuhörer interessanteste Bereich der Sprachbeeinflussung ist meiner Meinung nach der Bereich der Lexik. Ich werde versuchen meine Ausführungen immer wieder mit Beispielen von Wortentlehnungen zu veranschaulichen.

Im ersten Teil werde ich terminologische Grundlagen der Lehngutforschung erläutern. Darauf folgt ein Abschnitt über die Beeinflussung der deutschen Sprache allgemein, um den Kommilitonen und Kommilitoninnen einen Einblick über die verschiedenen Sprachen, die auf das Deutsche eingewirkt haben, zu vermitteln.

Im Anschluß daran gehe ich auf eine fremdsprachliche Einflußphase in der Geschichte der deutschen Sprache ein. Ich habe mich für den französischen Einfluß auf das Deutsche im Mittelalter entschieden, da ich selbst Französisch gelernt habe. Es war daher interessant zu erfahren, welche Elemente des Deutschen auf das Französische zurück gehen. Ich werde referieren, warum das Französische Mitte des 12. Jh. an Bedeutung gewann und wie sich dies auf das Deutsche auswirkte.

Danach werde ich auf eine Einflußphase in der Gegenwart eingehen. Da ich Englisch studiere, lag es selbstverständlich nahe, die Beeinflussung des Deutschen durch das Englische für diesen Teil zu wählen.

Terminologische Grundlagen

In der Lehngutforschung unterscheidet man generell zwischen Lehnwörtern und Lehnprägungen. Lehnwörter sind fremde Wörter, die „als ganzes übernommen"[1] werden. Bei den Lehnprägungen handelt es sich um Wörter, die nur zu einem Teil übernommen wurden.

Es gibt zwei Formen von Lehnwörtern. Wird die Lautgestalt des fremdsprachigen Wortes bewahrt, spricht man von einem Fremdwort. Ein Beispiel hierfür ist das Wort *Palais*. Es bleibt hinsichtlich der Lautgestalt völlig unverändert. Oft erkennt man sofort die Herkunft des Fremdwortes.

Wird das fremde Wort lautlich der Empfängersprache angepaßt, handelt es sich um ein assimiliertes Lehnwort.[2] Die lautliche Gestalt eines assimilierten Lehnwortes sagt nichts mehr

3

über die Herkunft aus. So stammt beispielsweise das Wort *Pfalz* von dem lateinischen *palatium* ab und bedeutete ursprünglich *Palast*.[3]

Auch die Lehnprägungen werden in zwei Hauptgruppen unterteilt. Man unterscheidet zwischen Lehnbildung und Lehnbedeutung.

Wie der Name schon sagt, wurde bei der Lehnbedeutung ausschließlich die Bedeutung eines fremden Wortes für ein Wort der eigenen Sprache entlehnt. *Gott*, *Geist*, *Seele* und *Gnade* sind Beispiele für Lehnbedeutungen.[4]

Lehnbildungen sind fremde Worte, die mit Elementen der eigenen Sprache neu- bzw. nachgebildet wurden. Die Gruppe der Lehnbildung wird ihrerseits auch wieder in zwei Gruppen unterteilt. Zur Lehnbildung zählen die Lehnformungen als auch die Lehnschöpfungen. Lehnschöpfungen sind „vom Vorbild formal unabhängige Neubildungen"[5]. Das bedeutet allein an der äußeren Form des Wortes ist die Verwandtschaft mit einem fremden Wort nicht zu erkennen. Ein Beispiel für Lehnschöpfungen ist das deutsche Wort *Freistaat*, das auf das aus dem Lateinischen stammende *Republik* zurückzuführen ist. Lehnformungen sind der Form nach an das Vorbild angelehnt. Man erkennt klar die Verwandtschaft zweier Wörter, wie beispielsweise *Halbinsel* und *paeninsula*.[6] Werden Lehnformungen Wortglied für Wortglied übersetzt, sprechen Forscher von der Lehnübersetzung. Ein Beispiel hierfür ist das Wort *Jungfernrede*, das vom englischen *maidenspeech* herrührt. Die einzelnen Wortglieder *maiden* und *speech* wurden zu *Jungfern* und *Rede* übersetzt und zusammengefügt. Eine weitere Variante der Lehnformung ist die Lehnübertragung. Ein fremdes Wort wurde in diesem Fall wesentlich freier in die Empfängersprache übertragen, als das bei der Lehnübersetzung der Fall ist. Das Wort *Vaterland* ist ein Beispiel für die Lehnübertragung. Ursprünglich stammt es von dem lateinischen Wort *patria* ab.

Der fremdsprachliche Einfluß in der Geschichte der deutschen Sprache

Das Deutsche wurde von vielen Sprachen beeinflußt. Art und Umfang der Beeinflussung durch eine bestimmte Sprache hing von dem Ansehen des jeweiligen Landes sowie den Kontakten auf wirtschaftlichem, politischem und kulturellem Gebiet ab. Zu jeder Zeit

---

[1] Betz, Werner: *Lehnwörter und Lehnprägungen im Vor- und Frühdeutschen*. In: Maurer / Rupp: *Deutsche Wortgeschichte Bd. 1*. Berlin 1974, Seite 136.
[2] Ebd. Seite 136.
[3] Baumgärtner, Sebastian (Hrsg.): *Herkunftswörterbuch. Herkunft, Geschichte und Bedeutung der Wörter*. Gütersloh 2003, Seite 312.
[4] Betz, Werner: *Lehnwörter und Lehnprägungen im Vor- und Frühdeutschen*. In: Maurer / Rupp: *Deutsche Wortgeschichte Bd. !.* Berlin 1974, Seite 136.
[5] Ebd. Seite 136.

versuchten Sprachpuristen eine in ihren Augen Verunreinigung der deutschen Sprache zu vermeiden. Zu den bekanntesten Sprachreinigern zählen Jacob Grimm, Phillip von Zesen und Joachim Heinrich Campe. Sie unternahmen „zahlreiche mehr oder minder geglückte Versuche der Verdeutschung von Fremdwörtern"[7] und schrieben Abhandlungen über den Erhalt des Deutschen. Dennoch „hat das Deutsche zu allen Zeiten fremdes Wortgut aufgenommen"[8]. Heute wird die Aufnahme von fremdsprachigen Wörtern als natürliche Entwicklungstendenz des deutschen Wortschatzes gesehen[9].

Außer dem Französischen und dem Englischen, worauf ich später näher eingehen werde, wirkten insbesondere das Lateinische sowie das Griechische auf die deutsche Sprache ein. Lange Zeit galten diese antiken Sprachen als universale Wissenschafts- und Rechtssprachen[10], woraus sich die Entlehnungen im Deutschen ergaben. Zu dem lateinischen und griechischen Lehngut, das noch heute verwendet wird, zählen beispielsweise *Dialog, Komödie, Justiz* und *addieren*[11].

Von zweisprachigen Gebieten, wie Südtirol oder Tessin, ging die italienische Beeinflussung auf die deutsche Sprache aus. Entlehnungen aus dem Italienischen findet man vor allem in den Bereichen Handel und Verkehr, wie zum Beispiel *Konto, Null* und *Kompaß*[12].

Weniger populär ist der Einfluß des Spanischen und des Niederländischen. Wie das Italienische fanden diese beiden Sprachen vorrangig über Reisende Zugang ins Deutsche. Zu den spanischen Entlehnungen zählen unter anderem die Wörter *Embargo* und *Zigarre. Deich, Düne* und *Werft* sind Entlehnungen aus dem Niederländischen.

Über das Jiddische wurden sogar einige Hebräische Wörter ins Deutsche übernommen. Die meisten hebräischen Entlehnungen findet man heute in der Umgangssprache. So gehen hauptsächlich Ausdrücke, wie *meschugge, Schlamassel* und *pleite*, auf das Hebräische zurück[13]. Besonders gering ist der Einfluß slawischer Sprachen auf das Deutsche. Es gibt nur wenige Lehnwörter oder Lehnprägungen slawischer Herkunft. Der Einfluß dieser Sprachen betrifft in erster Linie Orts- und Familiennamen, wie beispielsweise *Berlin, Leipzig, Nietzsche* und *Nowak*[14].

---

[6] Ebd. Seite 136.
[7] Volland Brigitte: *Französische Entlehnungen im Deutschen. Transferenz und Integration auf phonologischer, morphologischer und lexikalisch-semantischer Ebene.* Tübingen 1986, Seite 1.
[8] Ebd. Seite 1.
[9] Ebd. Seite 1.
[10] Polenz, Peter von: *Deutsche Sprachgeschichte. Bd. 1.* Berlin 1991, Seite 219.
[11] Ebd. Seite 230.
[12] Ebd. Seite 235.
[13] Ebd. Seite 240.
[14] Ebd. Seite 241.

Der französische Einfluß im Mittelalter

Die erste große französische Einflußphase fand im Mittelalter statt. Sie begann Mitte des 12. Jahrhunderts mit dem Aufkommen des Rittertums in Deutschland. Ihren Höhepunkt erreichte diese Einflußphase im 13. Jahrhundert. Aus dieser Zeit stammen ca. 700 französische Entlehnungen[15]. Zahlreiche altfranzösische Wörter wurden über die ritterliche Dichtersprache übernommen. Es handelte sich daher auch in erster Linie um Wörter „der ritterlichen und höfischen Welt."[16] So wurde beispielsweise das Wort *Lanze* in dieser Phase übernommen. Es stammt von dem altfranzösischen *lance* ab. Weitere Beispiele für französische Entlehnungen sind *Banner* von *baniere*, *Kumpan* von *compain* und *Abenteuer* von *aventure*.[17]

Mit dem Untergang des Rittertums verschwanden allerdings viele Entlehnungen wieder. Wörter wie *garzun* von *garcon*, was so viel hieß wie *Knappe*, sind uns daher heute kein Begriff mehr[18]. Mit den Entlehnungen im lexikalischen Bereich kamen auch einige französische Morpheme ins Mittelhochdeutsche. Anfangs waren Suffixe noch an ganze Wortstämme gebunden. Mit der Zeit wurden sie jedoch immer häufiger von den Wortstämmen gelöst und mit deutschen Wörtern kombiniert. Beispielsweise wurde die altfranzösische Endung *–ie* vom Mittelhochdeutschen unverändert übernommen. Im Neuhochdeutschen ist diese Endung, wenn auch etwas abgewandelt, noch in dem Suffix *–ei* zu erkennen.[19] Die Herkunft französischer Entlehnungen dieser Zeit kann heute oft weder anhand des Lautbildes noch anhand des Schriftbildes erkannt werden. Übernommene Wörter wurden an des Laut- und Schriftsystem der deutschen Sprache angepaßt. Das französische Graphem <v> in dem Wort *prover* wurde zum Beispiel im Mittelhochdeutschen wie das Graphem <f> ausgesprochen. Mit der Zeit wurde auch die Schreibweise angepaßt. Aus dem mittelhochdeutschen *prueven* wurde das noch heute verwendete *prüfen*[20].

An diesem Beispiel wird auch die Integration hinsichtlich der Morphematik deutlich. Französische Verbendungen wurden in deutsche Verbendungen umgewandelt. Die Verbendung *–er* in dem französischen *prover* wird im mittelhochdeutschen *prueven* zu *–en*, das bezeichnend für Verben der deutschen Sprache ist[21].

---

[15] Volland, Brigitte: *Französische Entlehnungen im Deutschen. Transferenz und Intergration auf phonologischer, morphologischer und lexikalischer Ebene.* Tübingen 1986, Seite 10.
[16] Ebd. Seite 10.
[17] Ebd. Seite 10.
[18] Ebd. Seite 10.
[19] Ebd. Seite 10-11.
[20] Ebd. Seite 11.
[21] Ebd. Seite 11.

Der englische Einfluß heute

Derzeit wird das Deutsche besonders stark vom Englischen beeinflußt. Man geht davon aus, daß deutsche Sprecher im Durchschnitt alle 56,5 Sekunden englische Entlehnungen verwenden.[22] Oft handelt es sich dabei allerdings nur um Gelegenheitsbildungen oder Bezeichnungen für Modeerscheinungen, die eine relativ kurze Lebensdauer haben.[23] Dennoch gibt es einige englische Wörter, die nun schon seit Jahrzehnten fester Bestandteil der deutschen Sprache sind. Dazu zählen beispielsweise Begriffe, wie *Hit, Hobby* oder *Sport*[24].

Die aktuelle englische Einflußphase begann nach dem zweiten Weltkrieg. Durch den regen Kontakt zwischen der deutschen Bevölkerung und der englischsprachigen Besatzungsarmee wurden viele englische Wörter vom Deutschen übernommen[25].

Die politische, wirtschaftliche und militärische Vormachtstellung Amerikas privilegierte die englische Sprache gegenüber den Sprachen der anderen Besatzungsmächte[26] hinsichtlich der Beeinflussung des Deutschen. Neben der enormen Bedeutung Amerikas im politischen, wirtschaftlichen und militärischen Bereich spielt heute auch die „sprachliche Suggestivkraft"[27] des Englischen eine Rolle. Englisch ist modern und wirkt anziehend. Daher findet es häufig Verwendung in der Werbung. Über die englische Sprache wird dem Kunden suggeriert, daß das zu verkaufende Produkt modern ist. So wirbt beispielsweise das Versandhaus Otto in seinem Katalog für die Herbstmode 2004 mit dem Slogan „*Süße Blumenprints für Trend-Girls.*"[28] Dieses Beispiel macht auch deutlich, daß das Englische besonders oft in der Jugendsprache anzutreffen ist[29].

Ein weiterer Grund für Entlehnungen aus dem Englischen ist die sprachliche Ökonomie. Als Sprecher ist man ständig darum bemüht möglichst kurze Wörter zu verwenden. Englische Wörter werden den deutschen Äquivalenten aus diesem Grund oftmals vorgezogen. Im

---

[22] Glahn, Richard: *Der Einfluß des Englische auf die gesprochene deutsche Gegenwartssprache.* Frankfurt 2002, Seite 181.
[23] Ebd. Seite 69.
[24] Baumgärtner, Sebastian (Hrsg.): *Herkunftswörterbuch. Herkunft, Geschichte und Bedeutung der Wörter.* Gütersloh 2003, Seite 181 und 379.
[25] Wilss, Wolfram: *Das Eindringen angloamerikanischer Fremdwörter in die deutsche Sprache seit Ende des zweiten Weltkrieges (bis 1958).* In: Zabel, Hermann (Hrsg.): *Denglisch, nein danke! Zur inflationären Verwendung von Anglizismen und Amerikanismen in der deutschen Gegenwartssprache.* Paderborn 2001, Seite 15
[26] Ebd. Seite 20.
[27] Ebd. Seite 20.
[28] Otto-Katalog Herbstspecial 2004/2005, Seite 90.
[29] Fink, Herrmann: *Echt cool – Überlegungen zur Amerikanisierung der Allgemein- und Jugendsprache in der Bundesrepublik Deutschland.* In: Zabel, Hermann (Hrsg.): *Denglisch, nein danke! Zur inflationären Verwendung von Anglizismen und Amerikanismen in der deutschen Gegenwartssprache.* Paderborn 2001, Seite 37.

wirtschaftlichen Bereich wird beispielsweise, trotz gleicher Bedeutung, das englische *boom* häufiger verwendet als das Wort *Konjunktur*[30].

Wie schon angedeutet werden englische Wörter unter anderem aus der Werbung übernommen. Hauptsächlich finden Entlehnungen heute jedoch über die Medien den Zugang zur deutschen Sprache. Insbesondere in den Bereichen Handel, Wirtschaft, Industrie, Technik, Politik, Rüstung, Reise, Verkehr, Mode, Film und Unterhaltung werden englische Entlehnungen benutzt. Es handelt sich dabei um Bereiche, die eine besonders ausdrucksstarke und präzise Sprache benötigen. Diese Präzision können Übersetzungen oft nicht leisten.[31]

Damit läßt sich auch die Verteilung des Lehngutes erklären. 90,1 % aller englischen Entlehnungen sind Nomen. Nur 9,9 % der übernommenen Wörter sind Verben oder Adjektive.[32] Vermutlich liegt dies darin begründet, daß es für Gegenstände, die aus Amerika importiert werden, keine ausreichend präzise, deutsche Bezeichnung gibt. Das englische Nomen muß übernommen werden, um den Erhalt der Bedeutung gewährleisten zu können.

Häufig wird das Englische von deutschen Sprechern jedoch falsch verwendet. Forscher konnten belegen, daß „jemand der evidentes Lehngut kennt, dieses nicht automatisch auch richtig versteht und verwendet."[33] Ein bekanntes Beispiel findet man auch hierzu in der Werbung. Der Eisfabrikant Schöller wirbt schon seit längerem mit dem Slogan *„The American dream of ice."*[34] Im Amerikanischen versteht man unter *ice* jedoch nicht *Speiseeis*, sondern *Eiswürfel*.[35]

Eine weitere Schwierigkeit stellt die Aussprache der englischen Entlehnungen dar. In der Regel werden jüngere Entlehnungen, eher englisch ausgesprochen, als ältere.[36] Mit der Zeit wird englisches Lehngut jedoch weitgehendst der deutschen Aussprache angepaßt. Das aus dem Englischen übernommene Verb *stoppen* macht das deutlich.[37]

Ähnliches gilt für die Schreibweise englischer Entlehnungen. Häufig werden die fremden Wörter an die eigene Sprache angepaßt. Man spricht beispielsweise vom *campen* oder dem

---

[30] Wilss, Wolfram: *Das Eindringen angloamerikanischer Fremdwörter in die deutsche Sprache seit Ende des zweiten Weltkrieges (bis 1958).* In: Zabel, Hermann (Hrsg.): *Denglisch, nein danke! Zur inflationären Verwendung von Anglizismen und Amerikanismen in der deutschen Gegenwartssprache.* Paderborn 2001, Seite 25.
[31] Ebd. Seite 16.
[32] Glahn, Richard: *Der Einfluß des Englischen auf gesprochene deutsche Gegenwartssprache.* Frankfurt 2002, Seite 183.
[33] Ebd. Seite 183.
[34] Fink, Hermann: *Echt cool – Überlegungen zur Amerikanisierung der Allgemein- und Jugendsprache in der Bundesrepublik Deutschland.* In: Zabel, Hermann (Hrsg.): *Denglisch, nein danke! Zur inflationären Verwendung von Anglizismen und Amerikanismen in der deutschen Gegenwartssprache.* Paderborn 2001, Seite 40.
[35] Ebd. Seite 40.
[36] Glahn, Richard: *Der Einfluß des Englischen auf gesprochene deutsche Gegenwartssprache.* Frankfurt 2002, Seite 182.
[37] Ebd. Seite 85.

babysitten. Deutsche Wortbildungsregeln werden auf das englische Lehngut übertragen.[38] Bei diesem Beispiel wurde einfach die deutsche Verbendung *–en* an das englische Verb angehängt. Die Anpassungsfähigkeit der deutschen Sprache zeigt sich auch in den zahlreichen deutsch-englischen Zusammensetzungen. Wörter, wie *Nasenspray* oder *Teamarbeit* werden von deutschen Sprechen heute schon nicht mehr als fremdsprachig erkannt.

Lehnübersetzungen zeugen ebenfalls von der Flexibilität des Deutschen. Fremdsprachige Wörter werden „neutralisiert und in die deutsche Sprache eingearbeitet"[39]. Auf diese Weise ergeben sich Begriffe, wie zum Beispiel *Teilzeitarbeitsplatz*, der von dem englischen Ausdruck *part-time working-place* abstammt.[40]

Fazit

Die Beschäftigung mit dem Thema *Fremdsprachlicher Einfluß* zeigt, daß die deutsche Sprache dazu neigt, Elemente fremder Sprachen aufzunehmen. Wie im vorhergehenden Kapitel beschrieben, ist diese Tendenz noch nicht abgeschlossen.

In meinen Augen stellt die Flexibilität des Deutschen ein Vorteil dar. Einerseits kann es dem Zeitgeist entsprechen, andererseits gehen typisch deutsche Sprachelemente durch die Kombination des Deutschen mit dem Fremdsprachlichen nicht verloren.

---

[38] Wilss, Wolfram: *Das Eindringen angloamerikanischer Fremdwörter in die deutsche Sprache seit Ende des zweiten Weltkrieges (bis 1958).* In: Zabel, Hermann (Hrsg.): *Denglisch, nein danke! Zur inflationären Verwendung von Anglizismen und Amerikanismen in der deutschen Gegenwartssprache.* Paderborn 2001, Seite 18.
[39] Ebd. Seite 19.
[40] Ebd. Seite 19.

Literaturangaben

- Baumgärtner, Sebastian (Hrsg.): *Herkunftswörterbuch. Herkunft, Geschichte und Bedeutung der Wörter.* Gütersloh 2003.

- Betz, Werner: *Lehnwörter und Lehnprägungen im Vor- und Frühdeutschen.* In: Maurer/Rupp (Hrsg.): *Deutsche Wortgeschichte. Bd. 1.* Berlin 1974, Seite 135-163.

- Fink, Hermann: *Echt cool – Überlegungen zur Amerikanisierung der Allgemein- und Jugendsprache in der Bundesrepublik Deutschland.* In: Zabel, Hermann (Hrsg.): *Denglisch, nein danke! Zur inflationären Verwendung von Anglizismen und Amerikanismen in der deutschen Gegenwartssprache.* Paderborn 2001, Seite 33-50.

- Glahn, Richard: *Der Einfluß des Englischen auf gesprochene deutsche Gegenwartssprache.* Frankfurt 2002.

- Schmidt, Wilhelm: *Geschichte der deutschen Sprache. Ein Lehrbuch für das germanistische Studium.* Stuttgart 2000, Seite 65-68, Seite 137-138.

- Polenz, Peter von: *Deutsche Sprachgeschichte. Bd. 1.* Berlin 1991, Seite 219-242.

- Polenz, Peter von: *Deutsche Sprachgeschichte. Bd.2.* Berlin 1991, Seite 77-105.

- Volland, Brigitte: *Französische Entlehnungen im Deutschen. Transferenz und Integration auf phonologischer, morphologischer und lexikalisch-semantischer Ebene.* Tübingen 1986.

- Wilss, Wolfram: *Das Eindringen angloamerikanischer Fremdwörter in die deutsche Sprache seit Ende des Zweiten Weltkrieges (bis 1958).* In: Zabel, Hermann (Hrsg.): *Denglisch, nein danke! Zur inflationären Verwendung von Anglizismen und Amerikanismen in der deutschen Gegenwartssprache.* Paderborn 2001, Seite 15-32.